Inteligencia Financiera

Guía práctica para salir de la crisis

William Guillermo Naranjo Acosta

© William Guillermo Naranjo Acosta, 2016
© Editorial

ISBN-13: 978-1517798093
ISBN-10: 1517798094

Primera Edición 2016

Esta totalmente prohibida la reproducción parcial o total por cualquier medio sin previa autorización de la editorial y el autor.

Contenido

INTRODUCCIÓN. **8**
PASO 1. METAS Y SUEÑOS. **9**
    Ejercicio 1. Metas y sueños 10
PASO 2. DIAGNÓSTICO FINANCIERO Y FAMILIAR. **12**
    Ejercicio 2. Diagnóstico Financiero Personal y Familiar. 12
PASO 3. RETO DEL AHORRO **18**
    Ejercicio 3. El Reto del Ahorro 20
PASO 4. TICKETS FINANCIEROS. **21**
    Ejercicio 4. Tickets Financieros. 22
PASO 5. COMPROMISO DE CAMBIO. **23**
    Ejercicio 5. Compromiso de Cambio. 23
PASO 6. ESTRATEGIAS PARA EL PAGO DE LAS DEUDAS. **25**
    Estrategia del Costo Mínimo. 25
        1. Lista de deudas. *26*
        2. Organiza la lista. *26*
        3. Minimizar los gastos mensuales. *27*
        4. Plan de pagos. *27*
        5. Cumpliendo metas. *27*
    Estrategia Bola de Nieve 33
        1. Lista de deudas. *33*
        2. Organiza la lista. *33*
        3. Minimizar los gastos mensuales. *34*
        4. Plan de pagos. *34*
        5. Cumpliendo metas. *34*
        Recomendaciones. *35*
PASO 7. CREANDO INGRESOS EXTRAS. **35**
    Ejercicio 7 Cómo crear ingresos pasivos. 35
CONCLUSIÓN. **36**
CLASIFICACIÓN DE LOS GASTOS. **37**
    Los Gastos en la Economía Familiar y Personal 39
        Tipología de Gastos *39*
RECOMENDACIÓN FINAL **40**
    Los 8 errores más comunes de las familias a la hora de administrar su dinero. 41

1. Primero Gastar y luego Ahorrar. 41
2. Ahorrar lo que sobra. 41
3. Comprar bienes básicos con tarjeta de crédito. 42
4. Pagar deuda con deuda. 42
5. Dios proveerá. 42
6. Falta de Planeación. 43
7. Poco conocimiento de inversión. 43
8. Agradecer 43
BIBLIOGRAFÍA 49

PRÓLOGO

La presente cartilla **Inteligencia Financiera: Guía Práctica para salir de la crisis**, es el resultado de años de investigación y suma de esfuerzos que el Autor consolida para dar respuesta a una problemática que muchas personas presentan: Las Crisis Financieras.

Cuando nos hacemos adultos y empezamos a ingresar en el universo de la vida financiera, muchas veces nos dejamos atrapar por la tentación del consumismo, esa cultura de tener y tener nuevas cosas que nos hagan más fácil la vida, mejores tecnologías, entrar en la moda, adquirir un producto; acciones que poco a poco se convierten en un estilo de vida, donde buscamos a todo costo satisfacer nuestros deseos y caprichos más remotos, sin importar que ello implique endeudarnos o empeñar nuestras pertenencias. Sin pedirnos permiso, el nuevo estilo de vida empieza a hacernos daño, a consumir nuestros esfuerzos, perturbar nuestra tranquilidad y la de nuestra familia.

La facilidad por adquirir créditos nos atrapa y sin darnos cuenta nos internamos en un laberinto sin aparente salida, porque en nuestro afán por cumplir con nuestras responsabilidades financieras, cada vez más grandes, buscamos acudir a la misma medicina y entonces adquirimos créditos más amplios para cubrir todas nuestras necesidades, luego llega una tranquilidad temporal, regresamos a nuestra zona de confort, en la que tenemos el control sobre nuestros gastos, nos sobra algo de dinero, sin embargo lo volvemos a malgastar y surge un círculo vicioso que nos lleva a la perdición al interior del laberinto.

Por lograr un pago oportuno de nuestras obligaciones le restamos calidad de vida a nuestros seres queridos, nos vemos en la necesidad de trabajar y producir más dinero, dinero que ni siquiera nos pertenece, porque una vez llega a nuestro bolsillo debemos entregarlo a nuestros acreedores. *Es la nueva esclavitud del siglo XXl.*

A veces no sabemos cómo salir de las crisis financieras. Es preciso parar, reflexionar críticamente, realizar ajustes y actuar.

Inteligencia Financiera: Guía Práctica para salir de la crisis, constituye una extraordinaria oportunidad para adquirir esas herramientas básicas que toda persona debe tener para dar ese primer paso hacia la búsqueda de la tranquilidad en asuntos financieros.

En esta cartilla usted encontrará importantes estrategias para afrontar estas crisis, conocimientos prácticos y nuevas metodologías que van ampliar su conocimiento y le permitirá adquirir los insumos más importantes para tomar acción.

Más de 28 años de amistad con el autor **William Guillermo Naranjo Acosta,** me otorgan humildemente la autoridad para dar testimonio de su recorrido profesional e intelectual, siendo sus conocimientos la piedra angular de la revolución financiera en el Departamento del Tolima y cuyas pretensiones, sin ánimo de ambición, responden a compartir estos conocimientos con más personas a lo largo y ancho de la geografía nacional y el mundo.

Finalmente, el autor cuenta con la vocación, idoneidad y experiencia en el campo, para garantizar un cambio visible en los lectores respecto a la administración del dinero y manejo de las crisis financieras, no sin antes precisar, que el costo del cambio es una nueva actitud, la disciplina y el compromiso.

Heriberto Galeano Trilleras
Especialista en Psicología Jurídica

 **Sobre el Autor**. William Guillermo Naranjo Acosta. Economista Universidad del Tolima, estudios de Maestría en Economía Universidad de Manizales, profesor universitario y consultor, con amplia experiencia en manejo de inversiones y en especial comportamiento del tipo de cambio en Colombia, se ha desempeñado como asesor de empresas privadas y públicas. Ha desarrollado capacitaciones en finanzas personales con la Caja de Compensación Familiar de Antioquía COMFAMA y el Grupo Éxito, profesor catedrático del Departamento de Economía y Finanzas de la Universidad del Tolima, fundador de Valores GNA S.A.S. compañía especializada en planeación financiera familiar y personal. Su programa de Escuela de Economía ha beneficiado a miles de familias y personas en la administración de los ingresos familiares, también es reconocido por sus actividades de compra y venta profesional de divisas en la ciudad de Ibagué.

Introducción.

El siguiente es un manual que busca ayudar a las familias y las personas para administrar mejor el dinero, este documento es una guía práctica que le ayudará a controlar sus gastos y salir de la crisis, es fundamental que siga cada uno de los pasos y sea siempre disciplinado para que pueda ver resultados satisfactorios.

El manual consta de cumplir unos pasos a seguir, cada paso contiene un anexo al final de la cartilla le recomiendo en lo posible imprima cada anexo y diligéncielo, bien importante que cada anexo una vez desarrollado lo deje en un lugar representativo del hogar y donde pueda recordar su avance.

Espero que este pequeño manual sea de mucho beneficio y bendición para usted y su familia, muchas gracias por permitirme asesorarlo desde este momento en la distribución de los ingresos.

> El problema de las finanzas personales es que no somos ordenados con la administración del dinero.

Paso 1. Metas y Sueños.

Las metas y los sueños son muy importantes para las personas, pues son estos motivadores diarios en la vida, es importante que tanto usted como su familia tengan claros sueños y metas a cumplir en el tiempo.

Tener metas definidas es garantía de darle rumbo claro a las decisiones que tomamos en la cotidianidad, para ello es importante recordar que las metas son útiles porque nos permite en primer lugar, darle dirección a nuestras vidas, y no permitirle a la suerte, a los amigos, a los medios de comunicación, al mercado entre tantos, que tomen decisiones por nosotros. En segundo lugar para estar motivados de todas las actividades que realizamos y con ello asegurar que vamos a obtener lo que siempre deseamos en nuestra vida, finalmente es significativo recordar que las metas nos permiten ahorrar tiempo, mejorar estrategias, disminuir el estrés y sentirnos realizados.

No debemos olvidar que sin metas claras y definidas es imposible precisar nuestro norte, por eso te invito a reflexionar sobre todas aquellas cosas que han conseguido y las cosas que aún te faltan por conseguir.

Para ello te invito a realizar a continuación la actividad del ejercicio 1.

Ejercicio 1. Metas y sueños

Durante los próximos 10 minutos va pensar en las metas que ha logrado, y las que aún te faltan por cumplir, piensa en aquellos sueños y metas que tienes a futuro. Durante esos 10 minutos piensa como te quieres ver en 3 años o 5 años, ¿Cómo quieres SER? ¿Qué quieres HACER? ¿Qué quiero TENER? ¿Cómo espera que se encuentre tu FAMILIA?..... Debes ser lo más especifico posible, tenga en cuenta los sueños de tu familia y como lograr un gran sueño familiar.
Una vez tengas claro tus sueños a realizar utiliza el espacio de la nube para que dibujes tus sueños.

> "Cada día es una oportunidad para lograr un sueño"
>
> Guillermo Naranjo

Paso 2. Diagnóstico Financiero y Familiar.

Nuestro segundo paso es reconocer como nos encontramos en el manejo del dinero. Para ello es importante que realice la actividad del ejercicio 2

Ejercicio 2. Diagnóstico Financiero Personal y Familiar.

A continuación debe responder SI o NO con una (X) según sea tu caso particular:

No	Pregunta	SI	NO	Calificación
1	¿Conoce con exactitud cuánto es tu ingreso mensual?			
2	¿Sabe cuál es la tasa de interés de cada una de tus créditos (Consumo, vehículo, vivienda, estudio, entre otros)			
3	¿Usted ahorra una parte de su ingreso?			
4	¿Conoce cuánto es la cifra de inflación en el país?			
5	¿Cuándo está deprimido gasta más dinero de lo normal?			
6	¿Sabe cuánto vale el costo por kilovatio de energía en su casa?			
7	¿Gasta dinero en cosas innecesarias?			
8	¿Solicita dinero a prestamistas?			
9	¿Compra gran parte de sus comidas por fuera de casa?			

10	¿Realiza gran parte de las compras del desayuno, almuerzo y comida en la tienda del barrio?			
11	¿Ha realizado el pago de gasolina o la compra de una prenda de vestir con tarjeta de crédito?			
12	¿Lee periódicamente libros de educación financiera?			
13	¿Tiene un plan de vida definido?			
14	¿Ha postergado el pago de un servicio público por adquirir ropa, tiquetes de cine, o cerveza?			
15	¿Tiene usted un presupuesto mensual de gastos en su hogar?			
16	¿Ha realizado compras sólo por aparentar frente a sus vecinos o compañeros de trabajo?			
17	¿Vive quejándose que el dinero no le alcanza?			
18	¿Ha servido de fiador y le ha tocado pagar deudas de sus amigos?			
19	¿Realiza algún tipo de deporte?			
20	¿Ha iniciado ideas de negocio en el pasado?			
21	¿Sabe cuánto es el valor del salario mínimo?			
22	¿Gasta más de lo que gana?			
23	¿Es usted una persona envidiosa?			

24	¿Tiene inversiones en CDT, Títulos, acciones o fondos de inversión?			
25	¿Gasta más de 4 horas en redes sociales investigando que hacen sus amigos?			
26	¿Es usted un comprador compulsivo?			
	Sumatoria de cada una de sus respuestas			

A continuación se muestra el resultado del diagnóstico financiero personal y familiar, mediante la siguiente la estrategia del semáforo financiero.

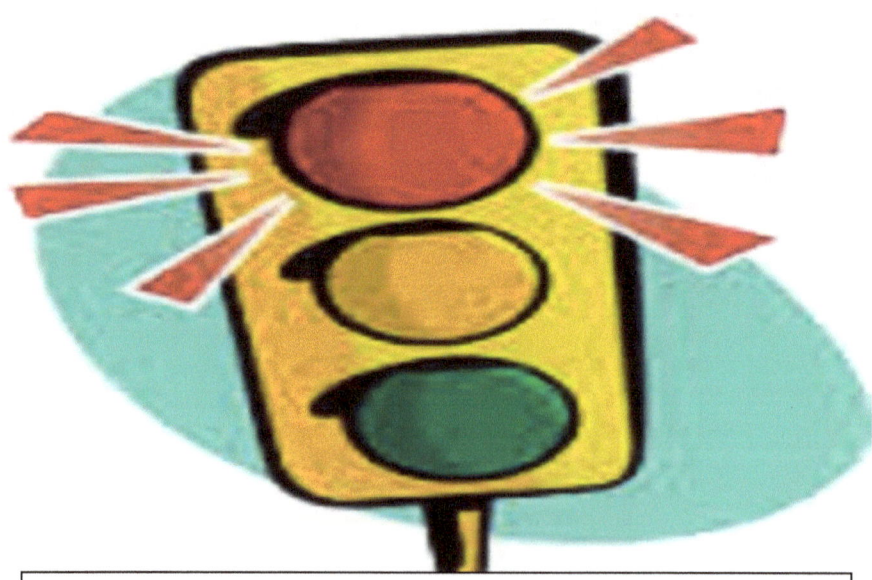

En verdad tienes el control de tu vida, o el dinero es quien controla tu vida.

A continuación se muestra como debió marcar las respuestas si usted es un gran administrador de su dinero. Si su respuesta no es igual a la siguiente tabla en cada pregunta marcada de forma distinta colocará un cero.

No	SI	NO	Calificación
1	X		5
2	X		5
3	X		5
4	X		5
5		X	5
6	X		5
7		X	5
8		X	5
9		X	5
10		X	5
11		X	5
12	X		5
13	X		5
14		X	5
15	X		5
16		X	5
17		X	5
18		X	5
19	X		5
20	X		5
21	X		5
22		X	5
23		X	5
24	X		5
25		X	5
26		X	5

El diagnóstico financiero nos permite reconocer cuál es nuestra situación en el manejo de las finanzas personales, le recomiendo realizar todos nuestros consejos y en un tiempo prudencial repetir el diagnóstico.

Una vez tienes tu puntaje verifícalo con la siguiente tabla:

Puntaje Semáforo		Recomendación
🔴	0-50	OJO, PELIGRO sus gastos son muy desmedidos, se le recomienda tomar medidas drásticas, es importante la ayuda profesional.
🟡	55-100	Tenga mucho cuidado en la administración de su dinero está a punto de llegar a semáforo rojo, se destaca su afán de mejorar pero le falta disciplina financiera y consumo responsable inicie cambiando hábitos y busque una nueva fuente de ingreso, se le recomienda mucha vigilancia en su presupuesto.
🟢	105-130	Felicitaciones eres una persona que sabe manejar su dinero, por favor continúe de esa manera.
Valores GNA Escuela de Economía Familiar y Personal			

De acuerdo a tu puntaje te brindo una recomendación para que mejores la distribución de tus finanzas personales. Recuerda la idea es estar en semáforo verde, por eso debes ser disciplinado con tu gasto y tener claro las principales necesidades de tu familia.

Ahora que tienes tu situación financiera clara, es importante que reconozcas, en que parte del semáforo te encuentras actualmente. Quiero darte unos consejos financieros adicionales para que si te encuentras en semáforo rojo o amarillo, puedas salir de esta situación, o por el contrario te encuentres en semáforo verde logres permanecer siempre en el.

Consejos para mejorar tú diagnostico financiero

1. No hagas mercado con hambre: es importante que logres entender que salir hacer mercado con hambre aumenta tus posibilidades de que malgastes el dinero, por eso, a partir de ahora te recomiendo que antes de salir al supermercado procura ir con el estómago lleno.

2. Comprar frutas y verduras: si nos encontramos en semáforo rojo es fundamental que evites comprar embutidos, salchichas, entre otros, te recomiendo comprar mucha fruta y verdura, además te sorprenderás lo que puedes comprar en frutas y verduras solo cambiando tu consumo en productos procesados por frutas y verduras.

3. Levántate más temprano: durante las distintas charlas y talleres que he realizado, es increíble lo que las personas gastan en taxi solo porque les cogió la tarde para llegar a sus puestos de trabajo. En semáforo rojo levantarnos más temprano puede ser un factor relevante para permitirnos salir de la crisis.

4. Procura comprar por cosechas: te recomiendo comprar productos por cosechas, esto te llevará a lograr mejores precios y será una ayuda a tus finanzas.

5. Evita la tarjeta de crédito: en lo posible no lleves en tu bolsillo la tarjeta de crédito, las personas que cargan la tarjeta de crédito gastan un poco más del 25% en compras innecesarias.

6. de acuerdo a Panasiuk un reconocido conferencista un consejo adicional que te voy a ofrecer es el siguiente "Para ahorrar en combustible, acostúmbrate a no viajar a más de 88Km por hora (65millas). La diferencia entre 88 y 105 por hora representará un diecisiete por ciento de incremento en el consumo de gasolina." (Panasiuk, 2006)

Paso 3. Reto del Ahorro

El ahorro es fundamental para lograr prosperidad financiera, es importante entender ¿Qué es el AHORRO? Y su impacto en la economía familiar. Para ello iniciaremos afirmando que "La tasa de ahorro, es un determinante fundamental del futuro bienestar" (Dornbusch, Fischer, & Startz, 2000, pág. 7), es decir, que si buscamos prosperidad financiera, el ahorro debe ser un tema y sobre todo un hábito que debe desarrollar las familias en el día a día.

El ahorro es la parte del ingreso que no se consume, o que se dedica a consumo futuro, pero porque es tan importante desarrollar hábitos que promuevan el ahorro en la familia, en primer lugar porque si logramos vivir con menos dinero del que ganamos, será un gran paso en la toma de decisiones de consumo responsable, en segundo lugar, porque es el ahorro el que nos permite implementar desarrollo de negocios y por ende nos permite realizar inversiones, es decir, es el ahorro el encargo de generarnos ingresos pasivos o ingresos extraordinarios con el fin de lograr como afirma el Maestro Robert Kiyosaki "Haga que el dinero trabaje para ti".

Ahora bien, como se comento en el párrafo anterior es fundamental mejorar los niveles de ahorro familiar y con el fin de lograr dicho objetivo, su compromiso a partir de hoy mismo es, aumentar el nivel de ahorro familiar y personal.
Con este fin te invito a tomar el hábito de ahorrar, el siguiente ejercicio te ayudará a tomar el hábito del ahorro.

Durante los próximos 30 días va a comprometerse ahorrar una cantidad fija diaria, le recomiendo sea una cantidad razonable, debido a que el no cumplimiento de la meta puede llevarte frustraciones.

Recuerda la idea es ahorrar 30 días seguidos, ejemplo si logra ahorrar $2.000 pesos diarios durante 12 días y el día 13 no cumpliste la meta, debes volver a iniciar el ejercicio la meta se cumple cuando logras cumplir 30 días continuos ahorrando, se sorprenderá que una vez cumplida la meta se le facilitará ahorrar cada día. Adelante y ve al ejercicio 3. Reto del Ahorro.

> "El ahorro es el primer paso para salir de la crisis"
> Guillermo Naranjo

Ejercicio 3. El Reto del Ahorro

	Nombre	
	Meta diaria	
	Fecha Inicio	

Día	SI	NO	Día	SI	NO	Día	SI	NO	Día	SI	NO
1	☺	☹	16	☺	☹	31	☺	☹	46	☺	☹
2	☺	☹	17	☺	☹	32	☺	☹	47	☺	☹
3	☺	☹	18	☺	☹	33	☺	☹	48	☺	☹
4	☺	☹	19	☺	☹	34	☺	☹	49	☺	☹
5	☺	☹	20	☺	☹	35	☺	☹	50	☺	☹
6	☺	☹	21	☺	☹	36	☺	☹	51	☺	☹
7	☺	☹	22	☺	☹	37	☺	☹	52	☺	☹
8	☺	☹	23	☺	☹	38	☺	☹	53	☺	☹
9	☺	☹	24	☺	☹	39	☺	☹	54	☺	☹
10	☺	☹	25	☺	☹	40	☺	☹	55	☺	☹
11	☺	☹	26	☺	☹	41	☺	☹	56	☺	☹

12	☺	☹	27	☺	☹	42	☺	☹	57	☺	☹
13	☺	☹	28	☺	☹	43	☺	☹	58	☺	☹
14	☺	☹	29	☺	☹	44	☺	☹	59	☺	☹
15	☺	☹	30	☺	☹	45	☺	☹	60	☺	☹

> "No ahorres lo que sobra después de gastar, gasta lo que sobra después de ahorrar." Warren Buffet

Paso 4. Tickets Financieros.

Es fundamental tener plena conciencia de la manera como estamos gastando nuestro dinero, el principal problema del dinero es el desorden, no es cuanto ganamos sino como distribuimos lo que ganamos, lo que nos lleva a tener prosperidad financiera si lo hacemos de la manera adecuada, pero nos lleva a tener crisis financiera familiar si lo hacemos de una manera desordenada.

En este paso vamos a identificar el tipo de gasto que estamos realizando y si estamos gastado demasiado en bienes innecesarios, para ello debes llenar juiciosamente y todos los días el siguiente tickets, este te permitirá identificar la manera en la que estas gastando tu dinero, recuerda en este paso vamos a registrar todos los gastos grandes o pequeños que realizamos en el mes. Te invito a ver el ejercicio 4 Tickets financieros, no olvides que esta actividad debe ser registrada diariamente y anotar todo tipo de gastos.

Ejercicio 4. Tickets Financieros.

Tickets Financiero	
Fecha:	Día/Mes/Año
Concepto	Detalle de la compra realizada.
Valor	El precio en la moneda de compra
Nombre :	Quien realizo la compra

"Si tu compras cosas que no necesitas, pronto tendrás que vender cosas que si necesitas" Warren Buffet

Paso 5. Compromiso de Cambio.

Es necesario que tanto usted como sus seres queridos asuman un compromiso de cambio en los hábitos actuales de compra e inversión. Para ello es fundamental que cada miembro de la familia respete las nuevas reglas de distribución del dinero y los nuevos límites permitidos, es importante reconocer que "la primera meta en el proceso para salir de deudas es lograr que el disponible (casflow) sea positivo". (Forero Estrada, 2013). Si tanto usted como su familia está de acuerdo los invito al anexo 4 para que entre todos firmen el compromiso de cambio e inicien el camino para salir de las deudas y organizar el presupuesto familiar.

Ejercicio 5. Compromiso de Cambio.

Es hora de cambiar tu comportamiento financiero. No olvide que en compañía de tus seres queridos será mucho más fácil.

Acta de Compromiso

Yo_____, y _____ nos comprometemos a desarrollar cada uno de los pasos y recomendaciones de la Escuela de Economía Familiar y Personal, con el fin de mejorar la administración del dinero.

Para ello nos propondremos realizar:

1. Cambiar nuestros hábitos en la administración del dinero.
2. Promover una cultura del ahorro en la familia.
3. Controlar los gastos de la familia.
4. Disminuir las deudas de la familia.

Dada en la ciudad de _____, a los _____ días del mes de _____ del año _____.

Firmas

_____
_____

En este compromiso de cambio nos ayudará;

_____
_____
_____

Paso 6. Estrategias para el Pago de las Deudas.

A continuación te mostraré dos estrategias para pagar las deudas en la economía familiar y personal. La primera de ellas es la estrategia del costo mínimo y la segunda la estrategia de Bola de Nieve.

Estrategia del Costo Mínimo.

Las deudas son una de las principales razones de dolores de cabezas de las familias y las personas, en la actualidad existen diferentes tipo de deudas en la que incurren las familias, deudas hipotecarías, es decir la compra de vivienda, por lo general esta deuda es de largo plazo y en la mayoría de los casos el periodo de pago es de 15 años. Otra fuente de endeudamiento de las familias es la compra de automóviles y motocicletas, una deuda de mediano paso y por lo general oscila entre 4 y 7 años, a su vez podemos encontrar la deuda basura, es decir, el endeudamiento de las familias para tapar los populares huecos, casi siempre deuda de altísimo costo ofrecida por prestamistas no regulados por el gobierno y con tasas superiores a las permitidas legalmente, este tipo de deuda es muy elevado y en la mayoría de los casos es para pagar otros compromisos adquiridos con anterioridad, agregando que esta deuda es más costosa se paga en menos tiempo, lo que la hace mucho más peligrosa, esos préstamos gota a gota son la principal fuente de financiamiento de las familias en la actualidad.

Salir de las deudas es posible, solo se debe tener disciplina, compromiso, paciencia y voluntad para sumir el cambio y apropiarse de los nuevos hábitos, hoy quiero compartir unos pasos que debes seguir para cumplir la meta de vivir sin deudas:

1. Lista de deudas.

Elabora una lista con todas tus deudas, debes tener en cuenta todos tus compromisos entre Bancos, Cooperativas, deuda con familiares, amigos, en fondos de empleados y con prestamistas, debes tener claridad a quien le debes.

2. Organiza la lista.

Ahora es el momento de darle un orden a la lista de deudas, vas a organizar la lista de la siguiente manera, en primer lugar vas a mirar la tasa de interés anual de cada una de tus deudas, con esa información vas a dejar en primer lugar de tu lista de deudas la persona o institución que te cobre la tasa de interés más alta, en segundo lugar colocas la tasa de interés que sigue y a si sucesivamente hasta llegar a la tasa de interés más baja esa será tu ultima deuda en la lista. No olvides que la tasa de interés es el precio del dinero.

3. Minimizar los gastos mensuales.

Es importante que ahora realices una lista de tus gastos mensuales, es importante que disminuyas o elimines gastos no esenciales, como salidas a cine, comida en la calle, alquiler de cancha sintética, es decir reducir en lo posible el gasto en entretenimiento y en bienes de lujos como cereales, salchichas, panqués entre otros. Recuerda que esto es una situación provisional una vez salga de la crisis y el endeudamiento podrás volver a disfrutar de ellos. No olvides la actividad de los Tickets Financieros en el paso 4, esta actividad te permite tomar decisiones más exactas frente a gastos innecesarios.

4. Plan de pagos.

Ahora es importante que inicies pagando esa deuda más alta, utiliza el ahorro que lograste hacer en el paso anterior para que abones más dinero a dicha deuda y con ello disminuir intereses de la deuda más costosa para que logres hacer un ahorro más en tu presupuesto mensual.

5. Cumpliendo metas.

Una vez logres terminar de pagar la deuda más costosa, vas a pensar que sigues pagando dicha deuda y es dinero adicional lo vas a dedicar a pagar la deuda siguiente es decir aumentaras la cuota de pago de esa deuda, así continuaras hasta que termine de pagar todas tus deudas hasta el final.

Un pequeño ejemplo: Carlitos está demasiado endeudado, actualmente su ingreso mensual no le alcanza para vivir y casi siempre finalizando cada mes acude a distintas fuentes de créditos para poder igualar sus gastos mensuales. Carlitos toma la decisión de pedir ayuda profesional y visita al Coach Financiero Guillermo Naranjo. En su visita Carlitos recibe consejos muy valiosos, el coach le dice a Carlitos que van a utilizar la estrategia del costo mínimo. Para ello debe realizar una lista de todas sus deudas, Carlitos inicia la tarea y se da cuenta que debe un crédito estudiantil, tiene una deuda en un almacén de cadena nacional, su tarjeta de crédito y una plática que le debe aún prestamista según él le hizo un favor de ayudarle a pagar una deuda pasada. Siguiendo los consejos del Coach realizo la siguiente tabla:

No	Deuda	monto deuda	tasa de interés anual	Plazo (meses)	valor cuota (mensual)
1	Crédito estudiantil	$ 5.000.000	12%	12	$ 460.000
2	Tarjeta de Crédito	$ 2.500.000	27%	24	$ 150.000
3	Crédito gota a gota	$1.000.000	214%	5	$ 300.000
4	Crédito en almacén de cadena	$700.000	24%	8	$ 100.000

Carlitos siguiendo la priorización recomendada por su Coach y su estrategia de costo mínimo organiza sus deudas desde la más alta tasa de interés a la más baja, quedando su tabla de deudas de la siguiente manera:

Prioridad	Deuda	monto deuda	tasa de interés anual	Plazo (meses)	valor cuota
1	Crédito gota a gota	$1.000.000	214%	5	$ 300.000
2	Tarjeta de Crédito	$ 2.500.000	27%	24	$ 150.000
3	Crédito En almacén de cadena	$700.000	24%	8	$ 100.000
4	Crédito estudiantil	$5.000.000	12%	12	$ 460.000

Ahora Carlitos inicia mirando sus gastos y se da cuenta que gasta al mes $300.000 pesitos con sus amigos cada fin de semana, a lo cual decide disminuir ese gasto en tan solo $100.000 pesitos mensuales, a su vez cambia de plan de celular pues Carlitos pagaba mensualmente $135.000 pesos mensuales, llego aún acuerdo con su operador de telefonía celular y su nueva facturación será de $85.000 pesos mensuales, es decir nuestro amigo Carlitos logro disminuir sus gastos mensuales y con ello ahorro $200.000 pesos en salidas los fines de semana y $50.000 pesos en su plan de celular, para un ahorro mensual de $250.000 pesos mensuales.

Carlos inicia su proceso de pago de deudas y con la estrategia del costo mínimo abona su ahorro en gastos al pago de la deuda priorizada más costosa, que en este caso es el crédito gota a gota.

Ahora Carlos con su nueva cuota extra que le paga al prestamista ya no paga su deuda en 5 meses a cuotas de $300.000 pesos, ahora con su cuota extra paga 2 cuotas de $450.000 y una tercera cuota por valor de $200.000.
Con esto Carlos logro disminuir el tiempo de pago de 5 meses a tres meses y fuera de eso ahorro en esa deuda la suma de $200.000 pesos en pago de intereses.

Ahora bien Carlitos llama a su coach agradeciéndole el consejo realizado en su sesión personal, siguiendo las instrucciones ahora Carlitos se dispone a pagar la segunda de deuda más costosa, que en el orden de priorización es la tarjeta de crédito, ahora la idea es que Carlitos dedique el excedente de dinero que ya no debe pagar al prestamista para dedicarlo al pago de su tarjeta de crédito.

Carlitos pagaba mensualmente $150.000 a la cuota de su tarjeta de crédito, como ya pago su crédito gota a gota el cual destinaba $550.000 mensuales, ahora después del mes 3 pagara ese excedente a su tarjeta llevando a una cuota mensual de $700.000, con esto Carlitos su tarjeta de crédito en 6 meses disminuyendo el tiempo pagado significativamente ya que estaba pactada en 24 meses, ahorrando alrededor de $700.000 pesos del costo total de la deuda. Carlitos ya empieza a ver resultados de su estrategia y en 8 meses está libre deudas, es hora de empezar a vivir para disfrutar con tus seres queridos y no de vivir para pagar altos interés.

A continuación te muestro un cuadro resumen sobre la estrategia de Carlitos.

Meses	1	2	3	4	5	6	7	8	9	10	11	12	13	14	15	16	17	18	19	20	21	22	23	24	Valor pagado
Crédito gota a gota	■	■	■	■																					$ 1.500.000
Tarjeta de Crédito	■	■	■	■	■	■	■	■	■	■	■	■	■	■	■	■	■	■	■	■	■	■	■	■	$ 3.600.000

	1	2	3	4	5	6	7	8	9	10	11	12	13	14	15	16	17	18	19	20	21	22	23	24	
Crédito En almacén de cadena	■	■	■	■	■	■	■																		$ 800.000
Crédito estudiantil	■	■	■	■	■	■	■	■	■	■	■	■													$ 5.520.000

Costo de la deuda $ 11.420.000

Meses	1	2	3	4	5	6	7	8	9	10	11	12	13	14	15	16	17	18	19	20	21	22	23	24	
Crédito gota a gota	■																								$ 1.300.000
Tarjeta de Crédito	■	■	■	■																					$ 2.900.000
Crédito En almacén de cadena	■	■	■	■	■																				$ 800.000
Crédito estudiantil	■	■	■	■	■	■																			$ 5.280.000

**Costo de la deuda con estrategia costo mínimo
$ 10.280.000**

Estrategia Bola de Nieve

Ahora te voy a compartir una segunda estrategia para pagar nuestras obligaciones, recordemos que las deudas son el primer causante de dolor de cabeza de las familias y sin duda alguna el principal obstáculo para lograr la libertad financiera, en la columna anterior te explique la estrategia del mínimo costo. Ahora estudiemos cada uno de los pasos que debes seguir para cumplir la estrategia de bola nieve:

1. Lista de deudas.

Elabora una lista con todas tus deudas, debes tener en cuenta todos tus compromisos entre Bancos, Cooperativas, deuda con familiares, amigos, en fondos de empleados y con prestamistas, debes tener claridad a quien le debes.

2. Organiza la lista.

Ahora es el momento de darle un orden a la lista de deudas, vas a organizar la lista de la siguiente manera, en primer lugar vas a mirar cual la cuota mensual de cada una de tus deudas, con esa información vas a dejar en primer lugar de tu lista de deudas la persona o institución que tenga el pago mensual más bajo, es decir si una deuda es con un Banco el cuál te cobra 120.000 pesos mensuales y tu segunda deuda es con un amigo al que le debes algún perfume que le compraste y la cuota es de 50.000 pesos mensuales, debes iniciar por pagar la más baja en este caso primero pagarle a tu amigo, en segundo lugar colocas la cuota que sigue y a si sucesivamente hasta llegar a la cuota mensual más alta esa será tu ultima deuda en la lista.

3. Minimizar los gastos mensuales.

Es importante que ahora realices una lista de tus gastos mensuales, es fundamental que disminuyas o elimines gastos no esenciales, como salidas a cine, comida en la calle, alquiler de cancha sintética, es decir reducir en lo posible el gasto en entretenimiento y en bienes de lujos como cereales, salchichas, panqués entre otros. Recuerda que esto es una situación provisional una vez salga de la crisis y el endeudamiento podrás volver a disfrutar de ellos.

4. Plan de pagos.

Ahora es importante que inicies pagando esa deuda de cuota mensual más baja, que por lo generar son las llamadas culebras, utiliza el ahorro que lograste hacer en el paso anterior para que abones más dinero a dicha deuda y con ello lograr salir de esa pequeña deuda, utilizando ese ahorro en tu presupuesto mensual.

5. Cumpliendo metas.

Una vez logres terminar de pagar la deuda de cuota mensual más baja, vas a pensar que sigues pagando dicha deuda y es dinero adicional lo vas a dedicar a pagar la deuda siguiente es decir aumentaras la cuota de pago de esa deuda, así continuaras hasta que termine de pagar todas tus deudas hasta el final.

Recomendaciones.

Es importante que tengas claro que la recuperación financiera de tu presupuesto familiar es un proceso de tiempo, que debes tener paciencia, voluntad y disciplina, estos pasos son validos si y solo si, los cumples en la totalidad, de tu disciplina y compromiso depende tu saneamiento financiero.

Paso 7. Creando ingresos extras.

Muy bien en este paso ya debes estar libre de deudas, es hora de iniciar a crear ingresos pasivos o ingresos extras, en este momento debes ya tener el hábito del ahorro, estas comprando bienes necesarios y terminaste de pagar tus tortuosas deudas.

Los ingresos pasivos o ingresos extraordinarios según Robert Koyisaki son la fuente de la abundancia y prosperidad financiera. Los ingresos pasivos son ingresos que nos permite ganar dinero sin trabajar, como ya está libre financieramente debes destinar tu dinero y tus ahorros a construir una fuente de ingreso adicional, es hora de ver las oportunidades que tienes para crear negocios.

Ejercicio 7 Cómo crear ingresos pasivos.

Debes ser muy observador y estudioso de las oportunidades que se te presentan para generar nuevos ingresos.

Te recomiendo realices una lista de aquellas actividades económicas que puedes realizar y que te gustaría ofrecer a tus amigos, familiares y al público en general, a su vez realices cotizaciones del costo de iniciar tu negocio. Recomiendo hacer esta actividad en familia y vincule a todos los miembros de la misma.

Conclusión.

Estos 7 pasos te permitirán mejorar tus finanzas personales, es muy importante que se comprometa a realizar cada uno de ellos con mucha disciplina si realmente quieres salir de tus deudas, cada paso es alcanzar un nuevo peldaño para lograr tus metas personales y financieras.

La motivación personal y de su grupo familiar es fundamental, por esta razón, te recomiendo que todos los días siempre tenga la certeza de que lograras tus sueños y que la situación de crisis es una situación provisional, más no permanente. Es ideal el apoyo familiar y si es posible asesórate de un profesional o consejero que te apoye en tu estrategia financiera.

La capacitación permanente sobre temas de educación financiera y finanzas personales es muy importante por esta razón todos los días dediques tiempo a seguir tu proceso de capacitación personal, sigue leyendo libros tanto impresos, como e-book, suscribate a canales en youtube especialistas en finanzas personales, revisa blog y páginas de internet.

Te recomiendo mi Canal en Youtube: Guillefuturo y en lo posible visita nuestro blog.

Clasificación de los Gastos.

Los gastos son las salidas de dinero que las familias o las personas realizan para adquirir un bien o servicio.

Es importante recordar que en 1943 el psicólogo Abraham Maslow elaboró las jerarquías de las necesidades humanas, en su famoso escrito la teoría de la motivación.

Este psicólogo muestra las necesidades que día a día tienen las personas, vamos a ver un poco sobre esas necesidades, para ello la siguiente pirámide muestra la jerarquía de las necesidades:

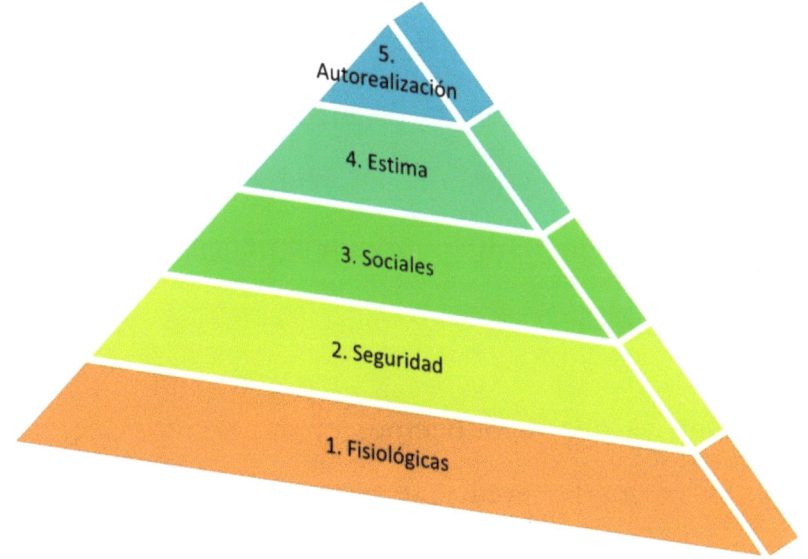

Las primeras necesidades son las fisiológicas, estas son: alimentación, vivienda, vestido

. Las segundas necesidades son seguridad, en este grupo se encuentran necesidades como, salud, educación, trabajo, seguridad física, propiedad privada.

La tercera necesidad son las sociales, aquí encontramos el siguiente grupo de necesidades, amistad, amor, afecto, necesidad de ser aceptado en un grupo. La cuarta clasificación es la estima, estas necesidades son de reconocimiento de nosotros mismos, en esta categoría encontramos la necesidad de autoconocimiento, confianza, respeto, éxito, tratamientos estéticos status. Para finalizar tenemos las necesidades de autorealización, estas son las necesidades que todos los individuos tienen de lograr metas propuestas.

Ahora bien ya que reconocemos cuales son las necesidades humanas, es fundamental que nuestras compras tengan una lógica, para con ello, evitar gastos innecesarios.

Los Gastos en la Economía Familiar y Personal

Una de las principales preguntas que las familias y las personas nos realizan es ¿cómo debo distribuir mis ingresos? O ¿de qué manera debo hacer mis compras? A continuación te mostrare unos simples pasos que debes realizar para que logres optimizar tus recursos monetarios.

Tipología de Gastos

No se puede olvidar la siguiente clasificación de gastos:

Gastos Básicos: es todo gasto de carácter obligatorio y que es fundamental para vivir, es decir, no se puede posponer su compra (alimentación, servicios públicos, pago de vivienda)

Gastos esenciales: son todos los gastos que a pesar de ser importantes para las familias se pueden disminuir o aplazar su consumo, puesto que no son determinantes para vivir.

Gastos no esenciales: Aquellos gastos que se puede eliminar porque no se requieren para vivir.

A continuación te muestro una figura que te permitirá comprender y asimilar un poco más sobre las distintas categorías de gastos.

Fuente: el autor.

Recomendación Final

La siguiente columna reúne una serie de recomendaciones que te conviene tener en cuenta para optimizar tus ingresos.

Los 8 errores más comunes de las familias a la hora de administrar su dinero.

A continuación se presenta una lista de 8 errores comunes de las familias para administrar sus ingresos, esta lista surge de las distintas charlas de Economía Familiar y Personales que he realizado en mis viajes por distintas regiones de Colombia.

Con más de 1000 personas que he tenido la oportunidad de asesorar en el año 2015 hemos resumido los 8 errores más comunes en la administración del dinero por parte de las familias, espero que estos errores te sirvan para mejorar tus finanzas.

1. Primero Gastar y luego Ahorrar.

Las familias atendidas manifestaron que por lo general una vez reciben su remuneración la dedican a la compra de bienes no esenciales (pizzas, cine, cerveza, entre otros).

2. Ahorrar lo que sobra.

Las familias no tienen hábitos de ahorro constantes, esto no le permite crecer en ingresos, de hecho manifiestan que el ahorro es prioritario pero en la práctica es lo último que hacen y eso siempre y cuando les sobre dinero. Sin ahorro no existirá prosperidad no lo olviden.

3. Comprar bienes básicos con tarjeta de crédito.

Es fundamental que los bienes básicos, es decir aquellos esenciales para poder vivir, deben ser adquiridos por nuestros ingresos, no se recomienda comprar con tarjeta de crédito aquellos bienes que son de consumo constante, utilicemos el crédito para crear dinero mediante negocios, inversiones, entre otros.

4. Pagar deuda con deuda.

Algo típico de las familias es cubrir sus deudas generando más deuda, esta práctica no te ayudará a salir de tus deudas, evita prestamos gota a gota y por favor las deudas no se pagan creando más deuda, es necesario optimizar nuestros gastos y aumentar nuestros ingresos.

5. Dios proveerá.

Las familias manifiestan que compran hoy porque nos saben si en el mañana estarán vivos y en ocasiones la frase favorita es "Dios proveerá", querido amigo es importante que tus desordenes financieros no los descargues en tus creencias, si bien es cierto la importancia de Dios en nuestras vidas, no podemos desobligarnos de nuestra administración del dinero.

6. Falta de Planeación.

Nuestras familias no planean sus gastos, peor aún son altamente emocionales con las promociones, importante que tengas un plan financiero y presupuesto de gasto, y que no te dejes llevar por las promociones, controla tus emociones y verás que no llenaras tu nevera y tu escritorio con productos que no necesitas.

7. Poco conocimiento de inversión.

Las familias en ocasiones y en su gran mayoría no saben que es un fondo de inversión, como también no conoce formas de proteger el ahorro.

8. Agradecer

Es común escuchar a las familias decir cada quincena es que este sueldo no me alcanza, debemos cambiar nuestra manera de pensar, de ahora en adelante una vez reciba su salario agradezca a Dios y a tu empresa por permitir llevar provisión a tu hogar. Evitemos los malos pensamientos de maldecir nuestro salario.

Espero que esta lista te sirva para mejorar tus finanzas familiares y personales, cualquier inquietud o comentario estaré presto para responderte, muchas gracias por leer este pequeño mensaje, Un abrazo…….

Guillermo Naranjo
Economista-Coach Financiero
Facebook: William Guillermo Naranjo
Twitter: @guillefuturo

Anexos

1. Metas y sueños.
2. Test diagnóstico financiero.
3. Reto del Ahorro.

No	Pregunta	SI	NO	Calificación
1	¿Conoce con exactitud cuánto es tu ingreso mensual?			
2	¿Sabe cuál es la tasa de interés de cada una de tus créditos (Consumo, vehículo, vivienda, estudio, entre otros)			
3	¿Usted ahorra una parte de su ingreso?			
4	¿Conoce cuánto es la cifra de inflación en el país?			
5	¿Cuándo está deprimido gasta más dinero de lo normal?			
6	¿Sabe cuánto vale el costo por kilovatio de energía en su casa?			
7	¿Gasta dinero en cosas innecesarias?			
8	¿Solicita dinero a prestamistas?			
9	¿Compra gran parte de sus comidas por fuera de casa?			
10	¿Realiza gran parte de las compras del desayuno, almuerzo y comida en la tienda del barrio?			
11	¿Ha realizado el pago de gasolina o la compra de una prenda de vestir con tarjeta de crédito?			
12	¿Lee periódicamente libros de educación financiera?			
13	¿Tiene un plan de vida definido?			
14	¿Ha postergado el pago de un			

	servicio público por adquirir ropa, tiquetes de cine, o cerveza?			
15	¿Tiene usted un presupuesto mensual de gastos en su hogar?			
16	¿Ha realizado compras sólo por aparentar frente a sus vecinos o compañeros de trabajo?			
17	¿Vive quejándose que el dinero no le alcanza?			
18	¿Ha servido de fiador y le ha tocado pagar deudas de sus amigos?			
19	¿Realiza algún tipo de deporte?			
20	¿Ha iniciado ideas de negocio en el pasado?			
21	¿Sabe cuánto es el valor del salario mínimo?			
22	¿Gasta más de lo que gana?			
23	¿Es usted una persona envidiosa?			
24	¿Tiene inversiones en CDT, Títulos, acciones o fondos de inversión?			
25	¿Gasta más de 4 horas en redes sociales investigando que hacen sus amigos?			
26	¿Es usted un comprador compulsivo?			
	Sumatoria de cada una de sus respuestas			

Nombre										
Meta diaria										
Fecha Inicio										
Día	SI	NO	Día	SI	NO	Día	SI	NO	Día	SI	NO
1	☺	☹	16	☺	☹	31	☺	☹	46	☺	☹
2	☺	☹	17	☺	☹	32	☺	☹	47	☺	☹
3	☺	☹	18	☺	☹	33	☺	☹	48	☺	☹
4	☺	☹	19	☺	☹	34	☺	☹	49	☺	☹
5	☺	☹	20	☺	☹	35	☺	☹	50	☺	☹
6	☺	☹	21	☺	☹	36	☺	☹	51	☺	☹
7	☺	☹	22	☺	☹	37	☺	☹	52	☺	☹
8	☺	☹	23	☺	☹	38	☺	☹	53	☺	☹
9	☺	☹	24	☺	☹	39	☺	☹	54	☺	☹
10	☺	☹	25	☺	☹	40	☺	☹	55	☺	☹
11	☺	☹	26	☺	☹	41	☺	☹	56	☺	☹
12	☺	☹	27	☺	☹	42	☺	☹	57	☺	☹
13	☺	☹	28	☺	☹	43	☺	☹	58	☺	☹
14	☺	☹	29	☺	☹	44	☺	☹	59	☺	☹

| 15 | ☺ | ☹ | 30 | ☺ | ☹ | 45 | ☺ | ☹ | 60 | ☺ | ☹ |

Bibliografía

Coria, C. (2006). *El dinero en la pareja.* Madrid: Paidos.

Dornbusch, R., Fischer, S., & Startz, R. (2000). *Macroeconomía.* Bogotá: McGrawHill.

El Tiempo. (2 de 10 de 2015). *Las tarjetas de crédito van a 5.480 millones de pesos por hora.* Obtenido de Diario el Tiempo: http://www.eltiempo.com/economia/finanzas-personales/cada-hora-colombianos-gastan-5480-millones-en-trajetas-de-credito/15356935

Forero Estrada, J. A. (2013). *¡Por Fin Libre de Deudas!* Bogotá: FY Editores.

Kiyosaki, R. T. (2008). *Padre Rico Padre Pobre.* United States: Aguilar.

Naranjo Acosta, W. G. (2015). *Los 8 errores más comunes de las familias para administrar su dinero.* Obtenido de Escuela de Economía Familiar y Personal: http://escueladeeconomia.blogspot.com/

Panasiuk, A. (2007). *¿Cómo Llego al Fin de Mes?* United States: Betania Editores.

Puentes, R. A. (2014). *Finanzas para Papá.* United States: Createspace.

Stratten, S. (s.f.). *El libro de los negocios exitosos.* Norma.